Impressum
Verlag: BABADADA GmbH, Nedderfeld 112 , 22529 Hamburg
Geschäftsführer / Verlagsleitung: Harald Hof
Druck: Books on Demand GmbH, In de Tarpen 42, 22848 Norderstedt

Imprint
Publisher: BABADADA GmbH, Nedderfeld 112 , 22529 Hamburg, Germany
Managing Director / Publishing direction: Harald Hof
Print: Books on Demand GmbH, In de Tarpen 42, 22848 Norderstedt, Germany

учиона
sală de clasă

делити
a împărți

186/2

школско дворище
curte a școlii

плоча
tablă

наставник
profesor

папир
hârtie

писати
a scrie

хемијска оловка
instrument de scris

писаћи стол
masă de birou

лењир
riglă

књига
carte

ученик
elev

торба

ghiozdan

перница

penar

графитна оловка

creion

шиљило за оловке

ascuțitoare

гумица за брисање

radieră

блок за цртање

bloc de desen

цртеж

desen

кист

pensulă

кутија са бојама

cutie de acuarele

маказе

foarfece

лепило

lipici

бележница

caiet de exerciții

домаћи задатак

temă

број

număr

2+2

сабирати

a aduna

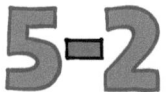

одузимати

a scădea

множити

a multiplica

рачунати

a calcula

A

слово

literă

абецеда

alfabet

реч

cuvânt

текст

text

читати

a citi

креда

cretă

час

oră

дневник

catalog

испит

examen

сведочанство

certificat

школска униформа

uniformă școlară

образовање

educație

лексикон

enciclopedie

универзитет

universitate

микроскоп

microscop

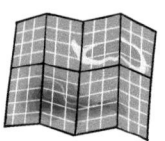

карта

hartă

кошара за папир

coș de gunoi

хотел
hotel

Grand

пренoћиште
hostel

ROOMS

мењачница
casă de schimb valutar

кофер
valiză

ауто
autovehicul

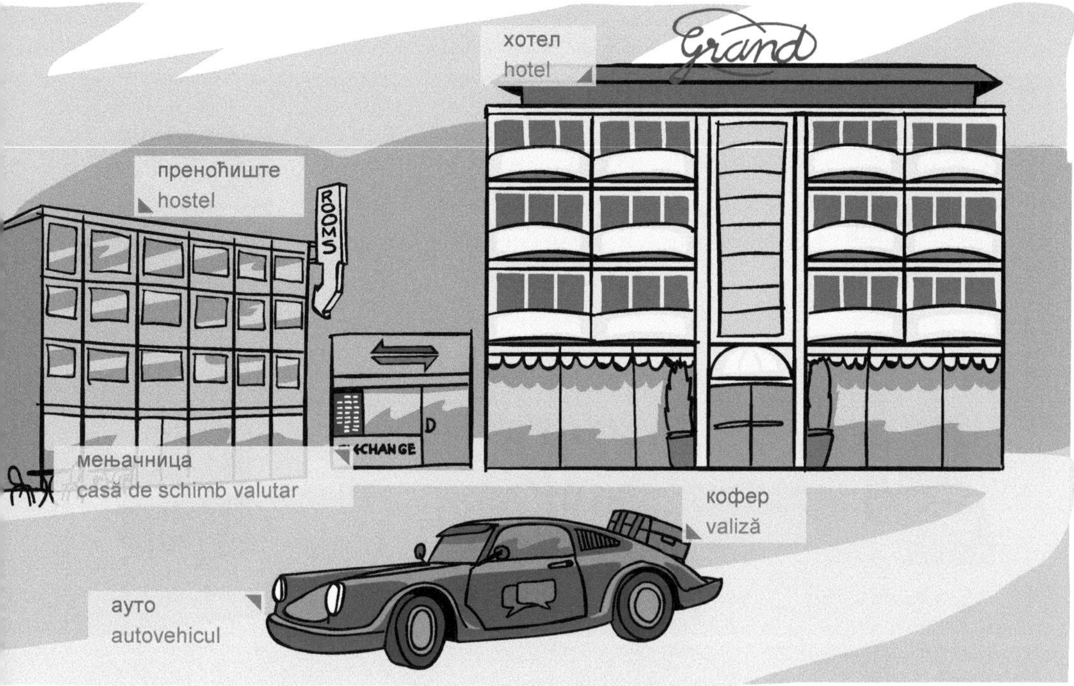

језик
limbă

да / не
da/nu

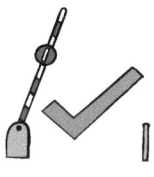

океј
okay

здраво
Bună!

преводилац
interpret

хвала
mulțumesc

Колико кошта...?

Cât costă...?

не разумем

Nu înțeleg

проблем

problemă

добро вече!

Bună seara!

Добро јутро!

Bună dimineața!

Лаку ноћ!

Noapte bună!

довиђења

la revedere

смер

direcție

пртљага

bagaj

торба

geantă

руксак

rucsac

гост

oaspete

соба

cameră

врећа за спавање

sac de dormit

шатор

cort

туристичке информације

punct de informare turistică

плажа

plajă

кредитна картица

carte de credit

доручак

mic dejun

ручак

masa de prânz

вечера

cină

карта за вожњу

bilet de călătorie

лифт

lift

поштанска маркица

timbru poștal

граница

graniță

царина

vamă

амбасада

ambasadă

виза

viză

пасош

pașaport

транспорт

transport

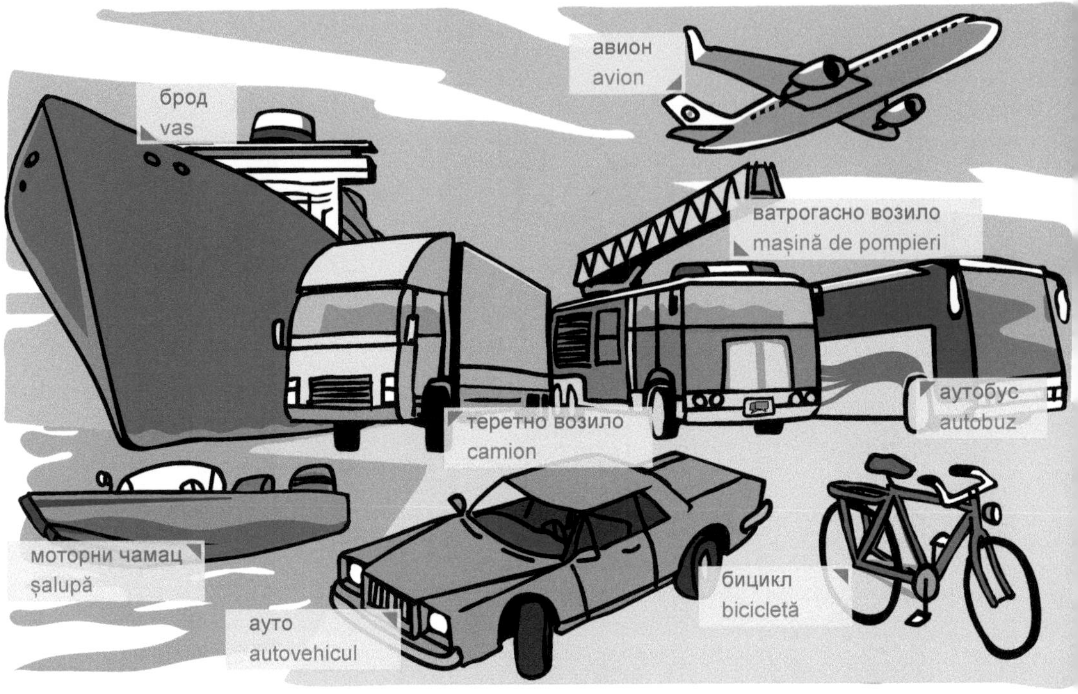

авион
avion
брод
vas
ватрогасно возило
mașină de pompieri
аутобус
autobuz
теретно возило
camion
моторни чамац
șalupă
бицикл
bicicletă
ауто
autovehicul

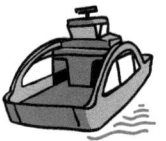

трајект

feribot

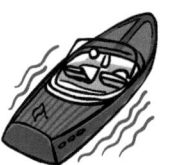

чамац

barcă

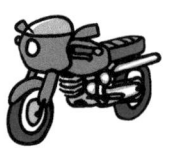

мотоцикл

motocicletă

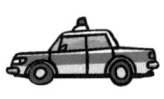

полицијски ауто

mașină de poliție

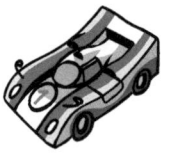

тркаћи ауто

mașină de curse

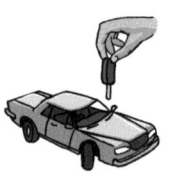

изнајмљено ауто

mașină închiriată

деље аутомобила

car sharing

вучно возило

mașină de tractat

возило за одвоз смећа

mașină de gunoi

мотор

motor

бензин

combustibil

бензинска станица

benzinărie

саобраћајни знак

semn de circulație

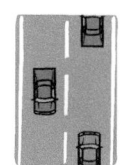

саобраћај

trafic

застој

ambuteiaj

паркиралиште

parcare

железничка станица

gară

шине

șine

воз

tren

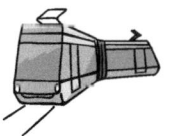

трамвај

tramvai

вагон

vagon

хеликоптер

elicopter

аеродром

aeroport

кула

turn

путник

pasager

контејнер

container

картон

carton

колица

căruță

корпа

coș

узлетети / слетети

a decola/a ateriza

град

oraș

село

sat

центар града

centru

кућа

casă

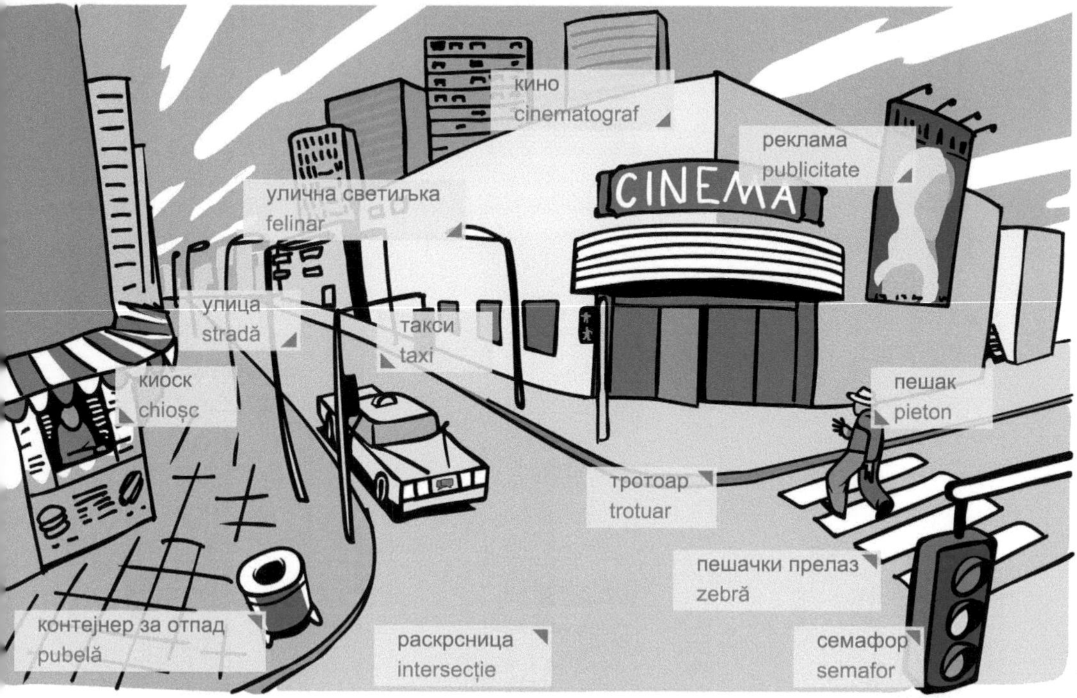

кино
cinematograf
реклама
publicitate
CINEMA
улична светиљка
felinar
улица
stradă
такси
taxi
киоск
chioșc
пешак
pieton
тротоар
trotuar
пешачки прелаз
zebră
контејнер за отпад
pubelă
раскрсница
intersecție
семафор
semafor

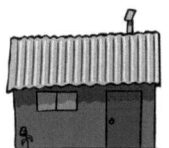

колиба

cabană

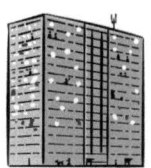

стан

apartament

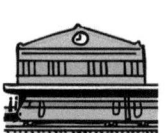

железничка станица

gară

већница

primărie

MUSEUM

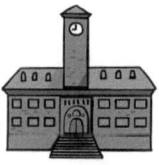

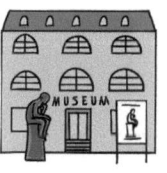

музеј

muzeu

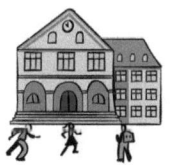

школа

școală

универзитет

universitate

банка

bancă

болница

spital

хотел

hotel

апотека

farmacie

канцеларија

birou

књижара

librărie

продавница

magazin

цвећара

florărie

супермаркет

supermarket

трг

piață

робна кућа

magazin universal

рибарница

comerciant de pește

трговачки центар

centru comercial

лука

port

парк

parc

клупа

bancă

мост

pod

степенице

trepte

подземна железница

metrou

тунел

tunel

аутобуска станица

stație de autobuz

бар

bar

ресторан

restaurant

поштанско сандуче

cutie poștală

улични знак

tăbliță indicatoare cu
numele străzii

паркирни аутомат

parcometru

зоолошки врт

grădină zoologică

базен

piscină

џамија

moschee

сеоско газдинство

gospodărie țărănească

загађење околине

poluare

гробље

cimitir

црква

biserică

игралиште

loc de joacă

храм

templu

пејсаж
peisaj

лист
frunză

путоказ
indicator

пут
drum

ливада
pajiște

камен
piatră

дрво
copac

шетач
drumeț

река
râu

трава
iarbă

цвет
floare

долина

vale

планина

deal

језеро

lac

шума

pădure

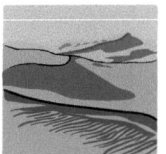

пустиња

deșert

вулкан

vulcan

дворац

castel

дуга

curcubeu

гљива

ciupercă

палма

palmier

москито

țânțar

мува

muscă

мрав

furnică

пчела

albină

паук

păianjen

буба
....
gândac

жаба
....
broască

веверица
....
veveriță

јеж
....
arici

зец
....
iepure

сова
....
bufniță

птица
....
pasăre

лабуд
....
lebădă

дивља свиња
....
porc mistreț

јелен
....
cerb

лос
....
elan

насип
....
dig

ветрењача
....
turbină eoliană

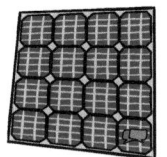

соларна плоча
....
panou solar

клима
....
climă

ресторан
restaurant

конобар
chelnăr
јеловник
meniu
столица
scaun
супа
supă
пица
pizza
прибор за јело
tacâmuri
стољњак
față de masă

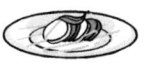

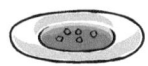

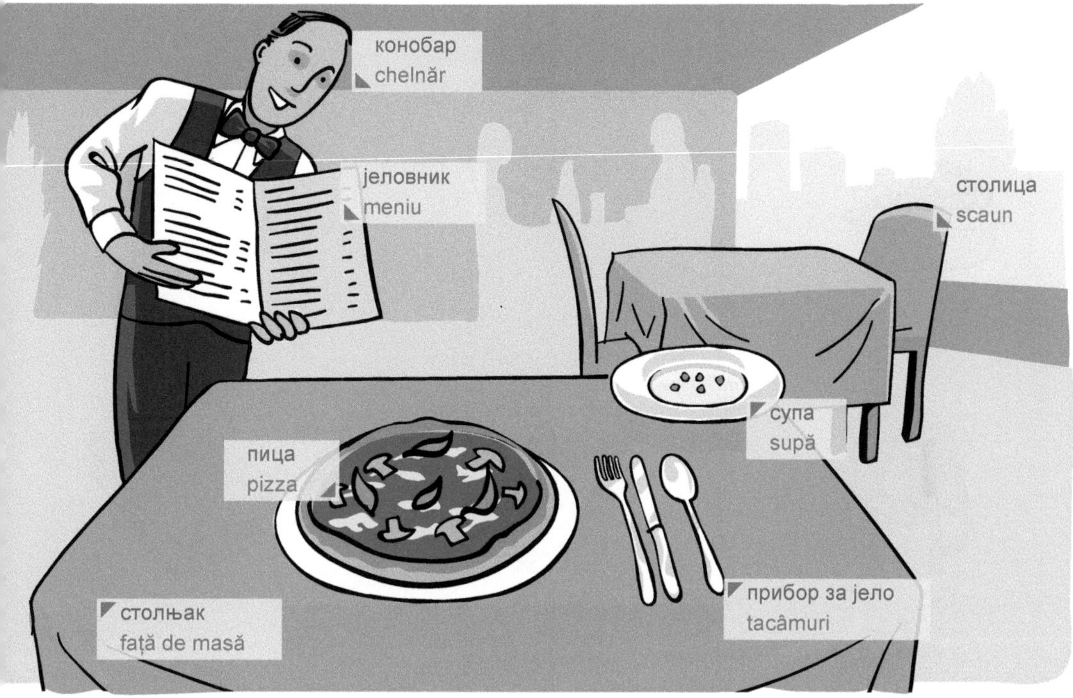

предјело
....
antreu

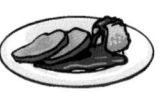

главно јело
....
fel principal

десерт
....
desert

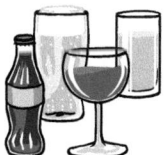

напитци
....
băuturi

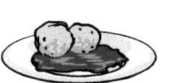

јело
....
mâncare

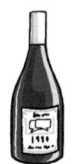

флаша
....
sticlă

брза храна

fastfood

имбис храна

streetfood

чајник

ceainic

доза за шећер

zaharniță

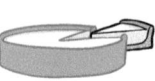

порција

porție

апарат за еспресо

espressor

висока столица

scaun înalt (pentru copii)

рачун

factură

послужавник

tavă

нож

cuțit

виљушка

furculiță

кашика

lingură

чајна кашика

linguriță

салвета

șervețel

чаша

pahar

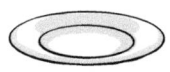

тањир

farfurie

тањир за супу

farfurie de supă

тањирић

farfurie

сос

sos

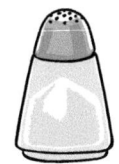

сољенка

solniță

млин за бибер

râșniță de piper

сирће

oțet

уље

ulei

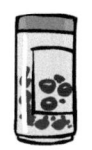

зачини

condimente

кечап

ketchup

сенф

muștar

мајонеза

maioneză

супермаркет

supermarket

понуда
ofertă
FOR
купац
client
млечни производи
produse lactate
воће
fructe
колица за куповину
cărucior de cumpărături

BUTCHERS

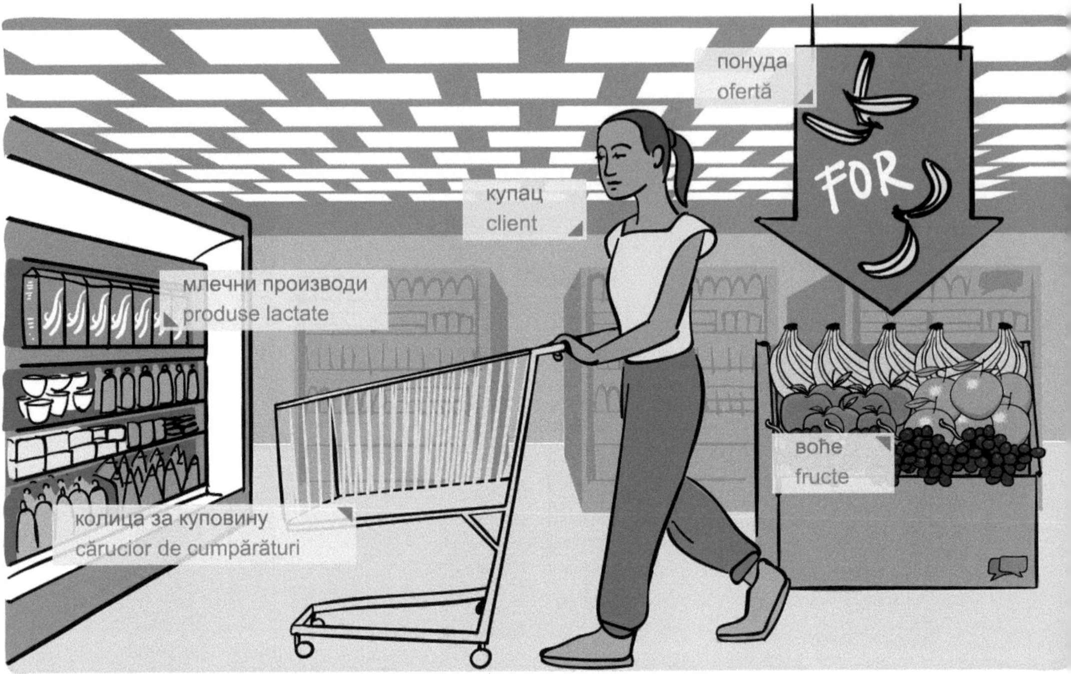

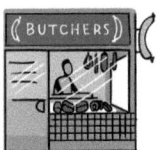

месница

măcelărie

BAKERY

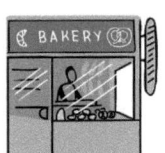

пекара

brutărie

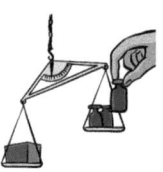

вагати

a cântări

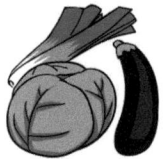

поврће

legume

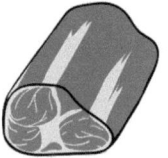

месо

carne

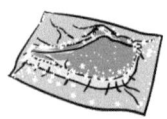

смрзнута храна

alimente refrigerate

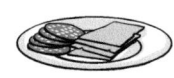

нарезак

nezeluri și brânzeturi feliate

конзерве

conserve

средство за прање

detergent

слаткиши

dulciuri

артикли за домаћинство

articole de menaj

средства за чишћење

produse de curățenie

продавачица

vânzătoare

благајна

casă

благајник

casier

листа за куповину

listă de cumpărături

време рада

orar

новчаник

portmoneu

кредитна картица

carte de credit

торба

geantă

пластична кеса

pungă de plastic

вода

apă

сок

suc

млеко

lapte

кола

cola

вино

vin

пиво

bere

алкохол

alcool

какао

cacao

чај

ceai

кава

cafea

еспресо

espresso

капућино

cappucino

банана

banane

јабука

măr

наранџа

portocală

лубеница

pepene

лимун

lămâie

шаргарепа

morcov

бели лук

usturoi

бамбус

bambus

лук

ceapă

гљива

ciupercă

орашасти плодови

nuci

резанци

paste făinoase

шпагете

spagheti

рижа

orez

салата

salată

помфрит

cartofi prăjiți

печени крумпир

cartofi țărănești

пица

pizza

хамбургер

hamburger

сендвич

sandwich

шницла

șnițel

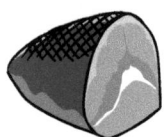

шунка

șuncă

салама

salam

кобасица

cârnați

кокош

pui

печење

friptură

риба

pește

зобене пахуљице

fulgi de ovăz

мусли

musli

кукурузне пахуљице

cereale

брашно

făină

кроасан

corn

пециво

chifle

хлеб

pâine

тоаст

pâine prăjită

кекси

biscuiți

маслац

unt

свежи сир

brânză de vaci

колач

prăjitură

jaje

ou

jaje на око

ouă ochiuri

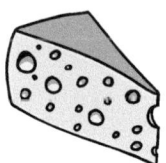

сир

brânză

сладолед

îngheţată

шећер

zahăr

мед

miere

мармелада

marmeladă

нугат крема

cremă nuga

кари

curry

сеоско газдинство
gospodărie țărănească

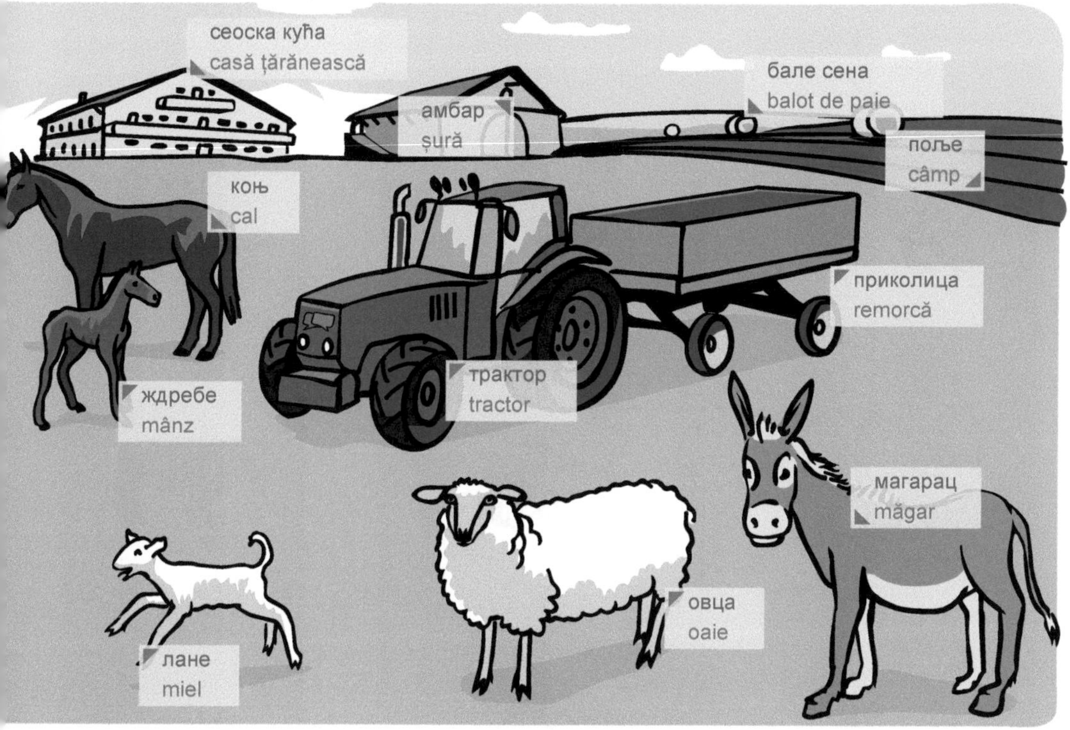

сеоска кућа
casă țărănească
амбар
șură
бале сена
balot de paie
поље
câmp
коњ
cal
приколица
remorcă
трактор
tractor
ждребе
mânz
магарац
măgar
овца
oaie
лане
miel

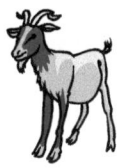

коза

capră

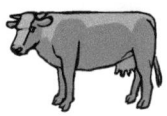

крава

vacă

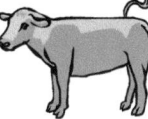

теле

vițel

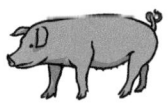

свиња

porc

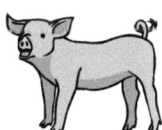

прасе

purcel

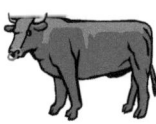

бик

taur

гуска

găină

патка

rață

пилићи

pui

кокош

găină

петао

cocoș

пацов

șobolan

мачка

pisică

миш

șoarece

вол

bou

пас

câine

кућица за пса

cușcă

вртно црево

furtun de grădină

канта за поливање

stropitoare

коса

coasă

плуг

plug

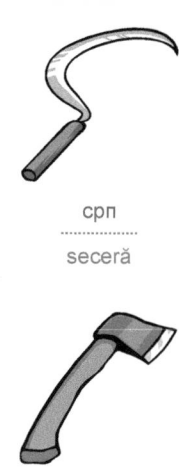

срп

secerǎ

мотика

sapǎ

виљушка за ђубриво

furcǎ

секира

secure

тачке

roabǎ

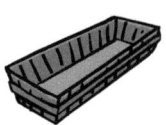

корито

troacǎ

посуда за млеко

canǎ pentru lapte

вреħа

sac

ограда

gard

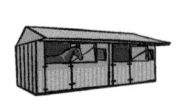

штала

grajd

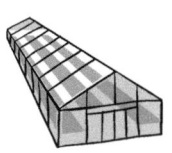

стакленик

serǎ

земља

sol

семе

sǎmânţǎ

ђубриво

fertilizator

комбајн

combinǎ de treierat

жети

a culege

жетва

recoltă

јамс зачин

cartof yam

пшеница

grâu

coja

soia

крумпир

cartof

кукуруз

porumb

уљана репица

rapiță

воћка

pom fructifer

гомољ маниоке

manioc

житарице

cereale

кућа
casă

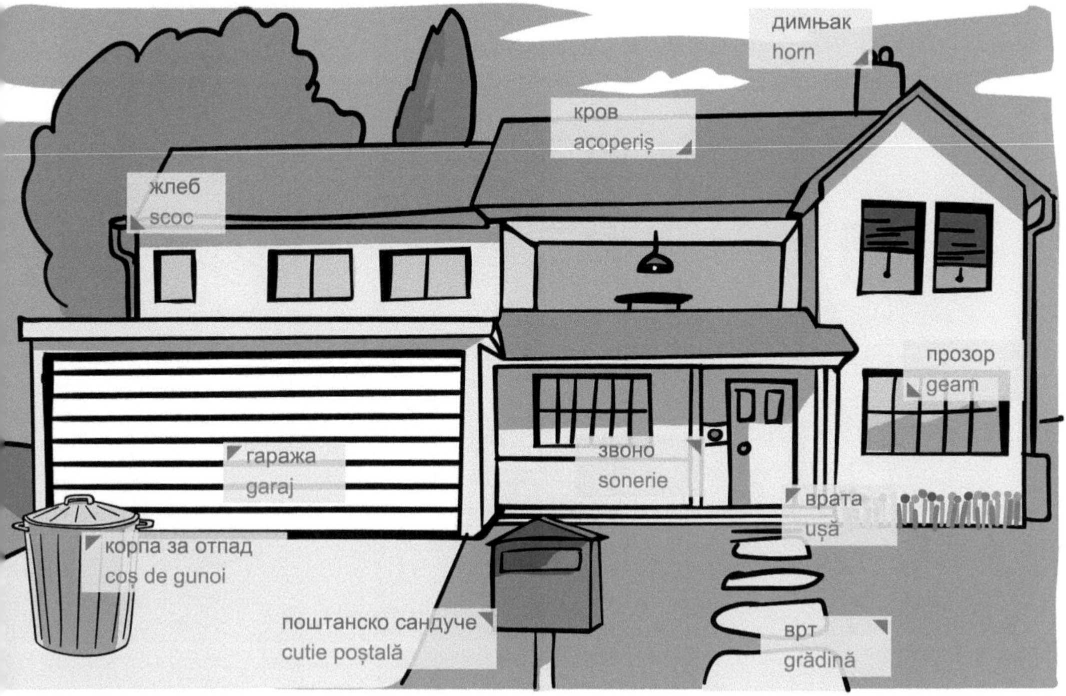

димњак
horn
кров
acoperiș
жлеб
scoc
прозор
geam
гаража
garaj
звоно
sonerie
врата
ușă
корпа за отпад
coș de gunoi
поштанско сандуче
cutie poștală
врт
grădină

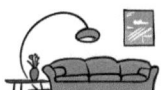

дневна соба

camera de zi

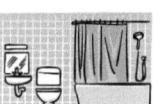

купаоница

baie

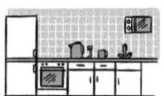

кухиња

bucătărie

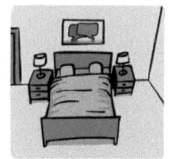

спаваћа соба

dormitor

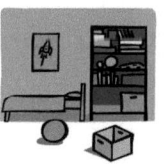

дечија соба

camera copiilor

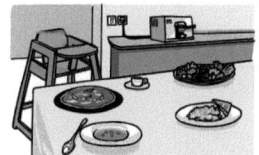

трпезарија

sufragerie

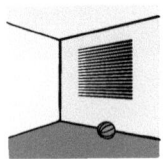

под
....
podea

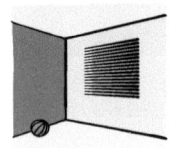

зид
....
perete

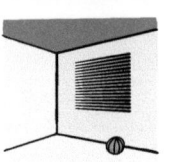

строп
....
tavan

подрум
....
pivniță

сауна
....
saună

балкон
....
balcon

тераса
....
terasă

базен
....
piscină

косилица за траву
....
mașină de tuns iarba

постељина за кревет
....
cearșaf

дека за кревет
....
cuvertură

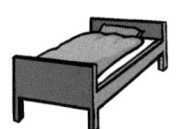

кревет
....
pat

метла
....
mătură

канта
....
găleată

прекидач
....
întrerupător

дневна соба
camerĕ de zi

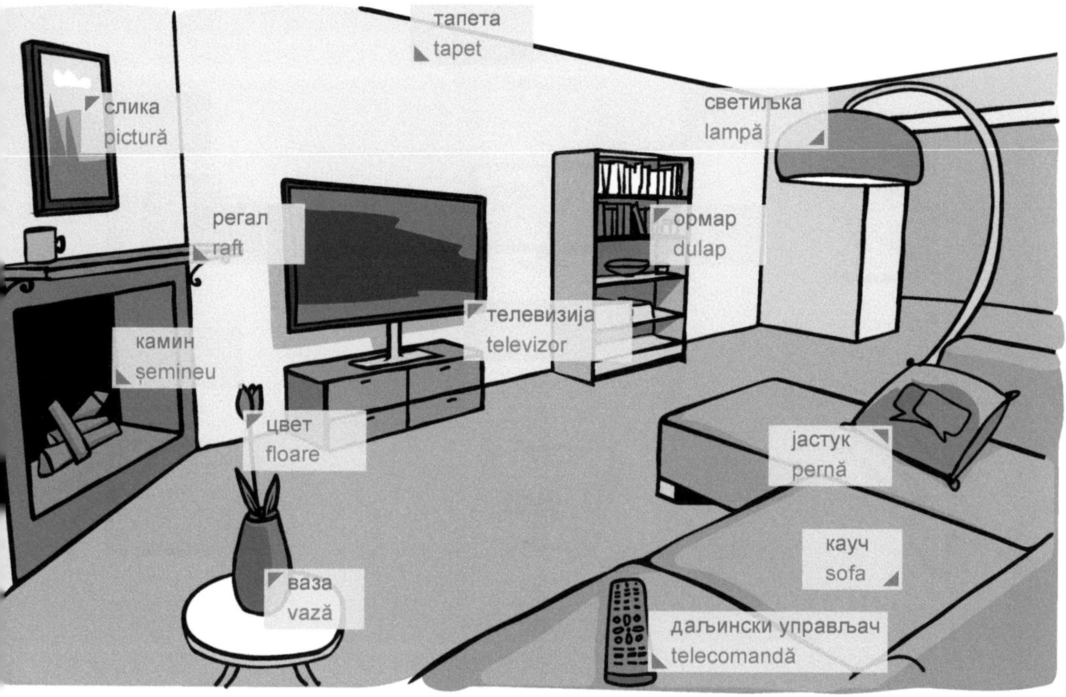

тапета
tapet
слика
pictură
светиљка
lampă
регал
raft
ормар
dulap
телевизија
televizor
камин
șemineu
цвет
floare
јастук
pernă
кауч
sofa
ваза
vază
даљински управљач
telecomandă

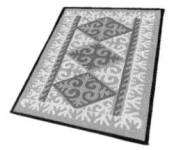

тепих
covor

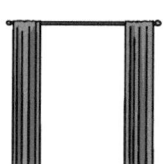

завеса
perdea

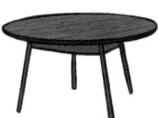

сто
masă

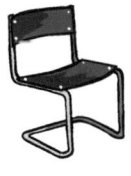

столица
scaun

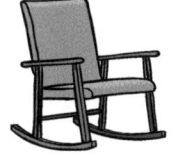

столица за њихање
balansoar

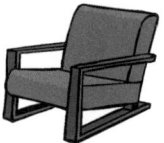

фотеља
fotoliu

књига

carte

дека

pătură

декорација

decoraţiune

дрво за огрев

lemn de foc

филм

film

хи-фи уређај

instalaţie stereo

кључ

cheie

новине

ziar

слика на платну

desen

постер

poster

радио

radio

блок за писање

caiet de notiţe

усисивач

aspirator

кактус

cactus

свећа

lumânare

кухиња
bucătărie

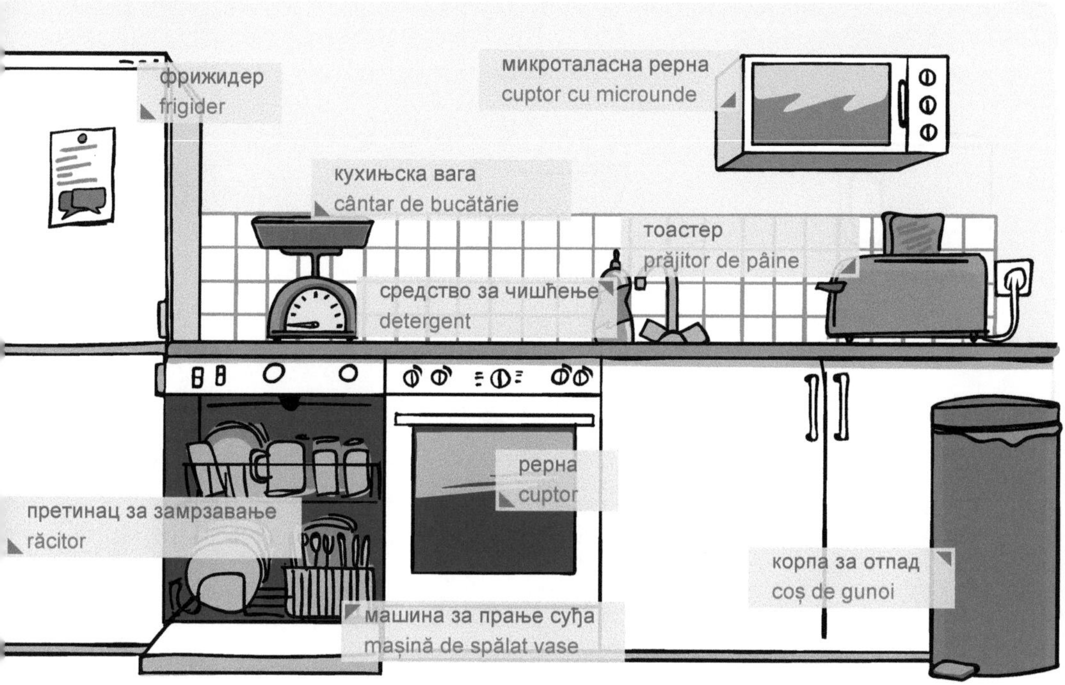
фрижидер
frigider
микроталасна рерна
cuptor cu microunde
кухињска вага
cântar de bucătărie
тоастер
prăjitor de pâine
средство за чишћење
detergent
рерна
cuptor
претинац за замрзавање
răcitor
корпа за отпад
coș de gunoi
машина за прање суђа
mașină de spălat vase

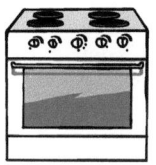

шпорет

cuptor

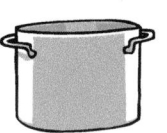

лонац

oală

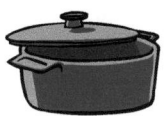

гвоздени лонац

oală de metal

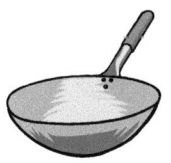

вок / кадаи

wok/kadai

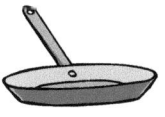

тава

tigaie

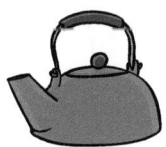

кувало за воду

ceainic

кувало на пару

oală de gătit cu aburi

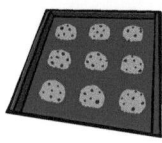

лим за печење

tavă de copt

посуђе

veselă

чаша

pahar

посуда

bol

штапићи за јело

bețișoare

кутлача

polonic

лопатица

spatulă

пењача

tel

сито за кување

sită

сито

sită

рибеж

răzătoare

мужар

mojar

роштиљ

grătar

огњиште

loc pentru grătar

даска

tocător

оклагија

sucitor

вадичеп

tirbușon

конзерва

conservă

отварач конзерви

deschizător de conserve

крпа за лонац

șervete termice

судопер

chiuvetă

четка

perie

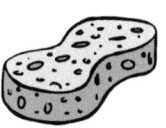

сунђер

burete

миксер

mixer

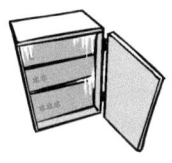

замрзивач

ladă frigorifică

флашица за бебе

biberon

славина за воду

robinet

купаоница

baie

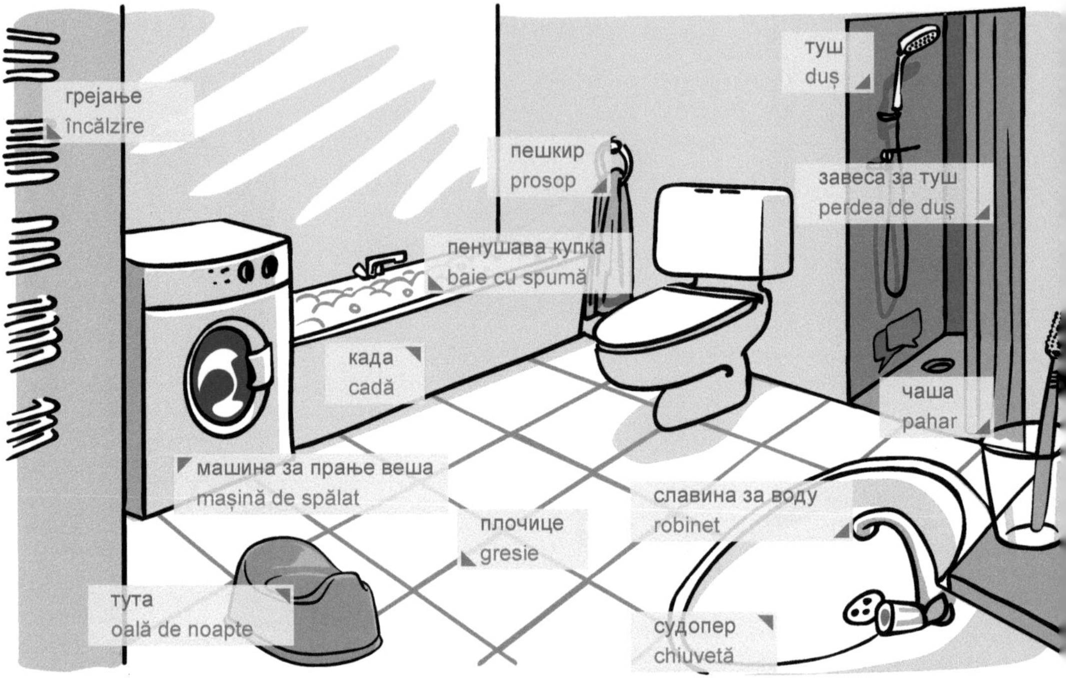

грејање
încălzire
туш
duș
пешкир
prosop
завеса за туш
perdea de duș
пенушава купка
baie cu spumă
када
cadă
чаша
pahar
машина за прање веша
mașină de spălat
славина за воду
robinet
плочице
gresie
тута
oală de noapte
судопер
chiuvetă

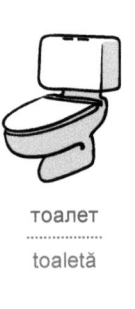

тоалет

toaletă

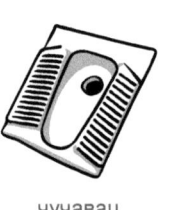

чучавац

toaletă turcescă

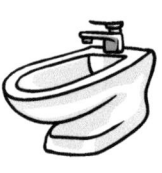

бидет

bideu

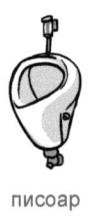

писоар

pisoir

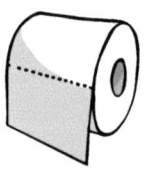

тоалетни папир

hârtie igienică

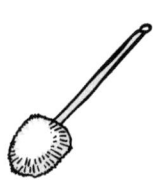

четка за тоалет

perie de toaletă

четкица за зубе

periuță de dinți

паста за зубе

pastă de dinți

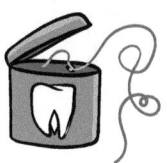

конац за зубе

ață dentară

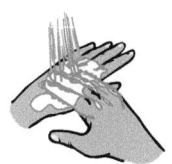

прати

a spăla

туш ручица

cap de duș

туш за прање интимних делова

duș intim

лавор

lavoar

четка за прање леђа

perie pentru spate

сапун

săpun

гел за туширање

gel de duș

шампон

șampon

крпа за прање

cârpă de spălat

одвод

scurgere

крема

cremă

дезодоранс

deodorant

огледало

oglindă

козметичко огледало

oglindă cosmetică

бријач

aparat de ras

пена за бријање

spumă de ras

лосион за после бријања

aftershave

чешаљ

pieptene

четка

perie

фен за косу

uscător de păr

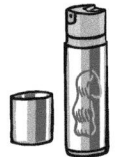

спреј за косу

fixator

шминка

machiaj

руж за усне

ruj

лак за нокте

lac de unghii

вата

vată

маказе за нокте

foarfece de unghii

парфем

parfum

козметичка торбица

neseser

столица

taburet

вага

cântar

огртач

halat de baie

рукавице за чишћење

mănuși de cauciuc

тампон

tampon

уложак

tampon

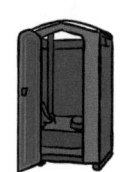

хемијски тоалет

toaletă chimică

дечија соба

camera copiilor

будилник
ceas deșteptător
плишана играчка
jucărie de pluș
ауто играчка
mașină de jucărie
звечка
morișcă
кућица за лутке
casă de păpuși
поклон
cadou

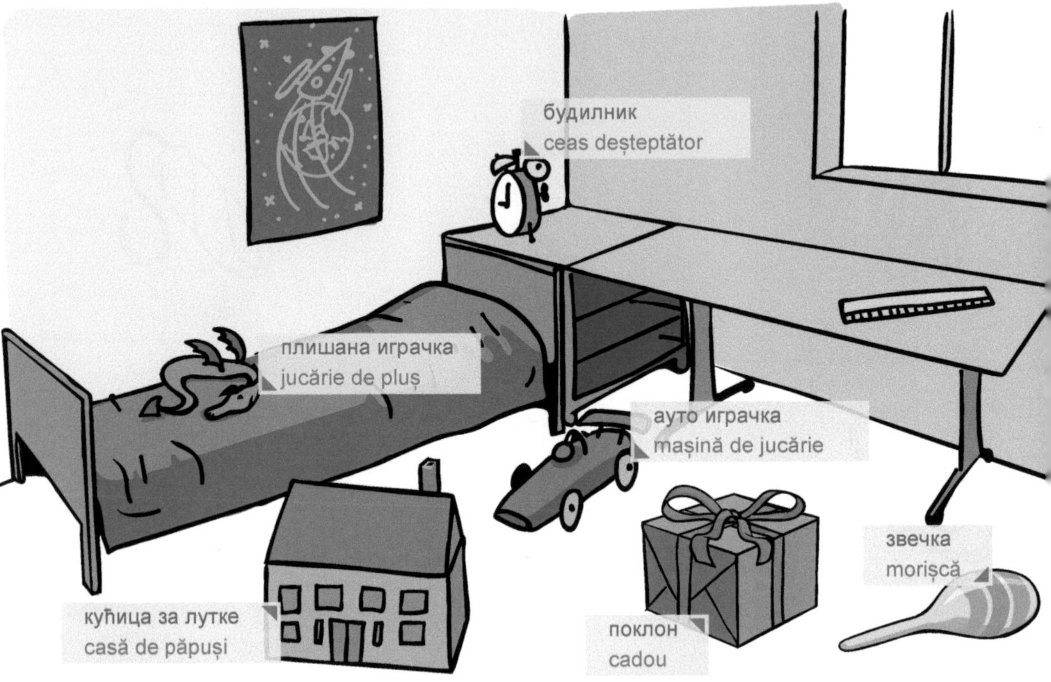

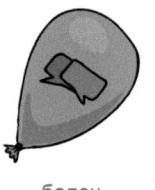

балон

balon

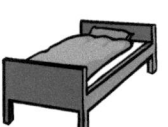

кревет

pat

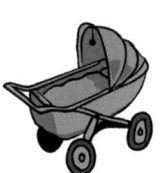

дјечија колица

cărucior de copii

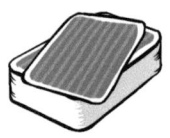

игра са картама

joc de cărți

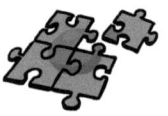

слагалица

puzzle

SUPER
MEGA

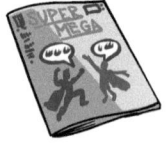

стрип

revistă de benzi desenate

лего коцкице

cuburi lego

коцкице за слагање

piese pentru construcții

акциони јунак

personaj din filmele de
acțiune

бенкица за бебе

body

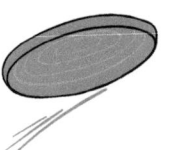

фризби

frisbee

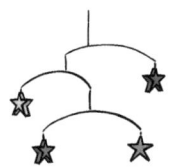

висеће играчке

mobil

друштвене игре

joc de societate

коцка

zar

минијатурна жељезница

set trenuleț de jucărie

дуда

suzetă

забава

petrecere

сликовница

carte cu poze

лопта

minge

лутка

păpușă

играти

a se juca

пешчаник

groapă de nisip

љуљачка

leagăn

играчка

jucării

конзола за игре

consolă video

трицикл

tricicletă

теди

ursuleț

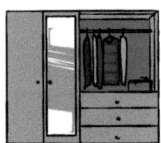

ормар

dulap

одећа

îmbrăcăminte

кратке чарапе

șosete

чарапе

ciorapi

хулахопке

dres

шал
şal

каиш
curea

кишобран
umbrelă

мајица
tricou

чизме
cizme

папуче
papuci

патике
pantofi sport

сандале
sandale

ципеле
încălțăminte

гумене чизме
cizme de cauciuc

гаћице
chilot

грудњак
sutien

поткошуља
maiou

боди

body

панталоне

pantaloni

фармерке

blugi

сукња

fustă

блуза

bluză

кошуља

cămașă

џемпер

pulover

џемпер с капуљачом

jerseu

сако

sacou

јакна

jachetă

мантил

palton

кабаница

pelerină de ploaie

костим

costum

хаљина

rochie

венчаница

rochie de mireasă

одело
costum

спаваћица
cămașă de noapte

пиџама
pijama

сари
sari

марама за главу
batic

турбан
turban

бурка
burka

кафтан
caftan

абаја
abaya

купаћи костим
costum de baie

купаће гаћице
șort

кратке панталоне
pantaloni scurți

одећа за тренинг
trening

кецеља
șorț

рукавице
mănuși

дугме

nasture

наочаре

ochelari

наруквица

brățară

огрлица

lanț

прстен

inel

наушница

cercel

капа

căciulă

вешалица

umeraș

шешир

pălărie

кравата

cravată

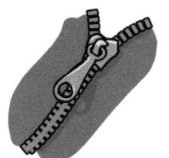

патент затварач

fermoar

кацига

cască

нараменице

bretele

школска униформа

uniformă școlară

униформа

uniformă

подбрадак

bavețică

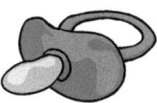

дуда

suzetă

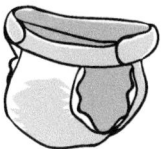

пелена

scutec

канцеларија
birou

сервер
server

ормар за списе
dulap de acte

штампач
imprimantă

папир
hârtie

монитор
monitor

писаћи стол
masă de birou

миш
mouse

мапа
fișier

тастатура
tastatură

кошара за папир
coș de gunoi

компјутер
computer

столица
scaun

шалица за каву

ceașcă de cafea

калкулатор

calculator

интернет

internet

лаптоп

laptop

писмо

scrisoare

порука

mesaj

мобилни телефон

telefon mobil

мрежа

rețea

уређај за копирање

copiator

софтвер

software

телефон

telefon

утичница

priză

факс

fax

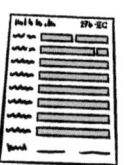

формулар

formular

документ

document

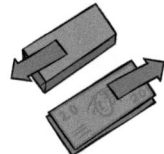

куповати

a cumpăra

платити

a plăti

трговати

a face comerţ

новац

bani

долар

Dolar

евро

Euro

јен

Yen

рубља

Rublă

швајцарски франак

Franc Elveţian

ренминдби јуан

renminbi yuan

рупија

Rupie

аутомат за новац

bancomat

мењачница

casă de schimb valutar

злато

aur

сребро

argint

нафта

petrol

енергија

energie

цена

preț

уговор

contract

порез

impozit

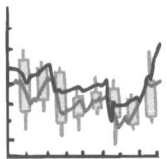

деонице

acțiune

радити

a munci

службеник

angajat

послодавац

angajator

фабрика

fabrică

продавница

magazin

полицајац
poliţist

ватрогасац
pompier

кувар
bucătar

лекар
medic

пилот
pilot

вртлар

grădinar

столар

tâmplar

кројачица

cusătoreasă

судија

judecător

хемичар

chimist

глумац

actor

возач аутобуса

șofer de autobuz

возач таксија

șofer de taxi

рибар

pescar

чистачица

femeie de serviciu

кровопокривач

tinichigiu

конобар

chelnăr

ловац

vânător

сликар

pictor

пекар

brutar

електричар

electrician

грађевински радник

muncitor în construcții

инжењер

inginer

месар

măcelar

лимар

instalator

поштар

poștaș

војник

soldat

архитекта

arhitect

благајник

casier

цвећар

florar

фризер

frizer

кондуктер

controlor

механичар

mecanic

капетан

căpitan

зубар

stomatolog

научник

om de știință

раби

rabin

имам

imam

монах

călugăr

свећеник

preot

алати
instrumente

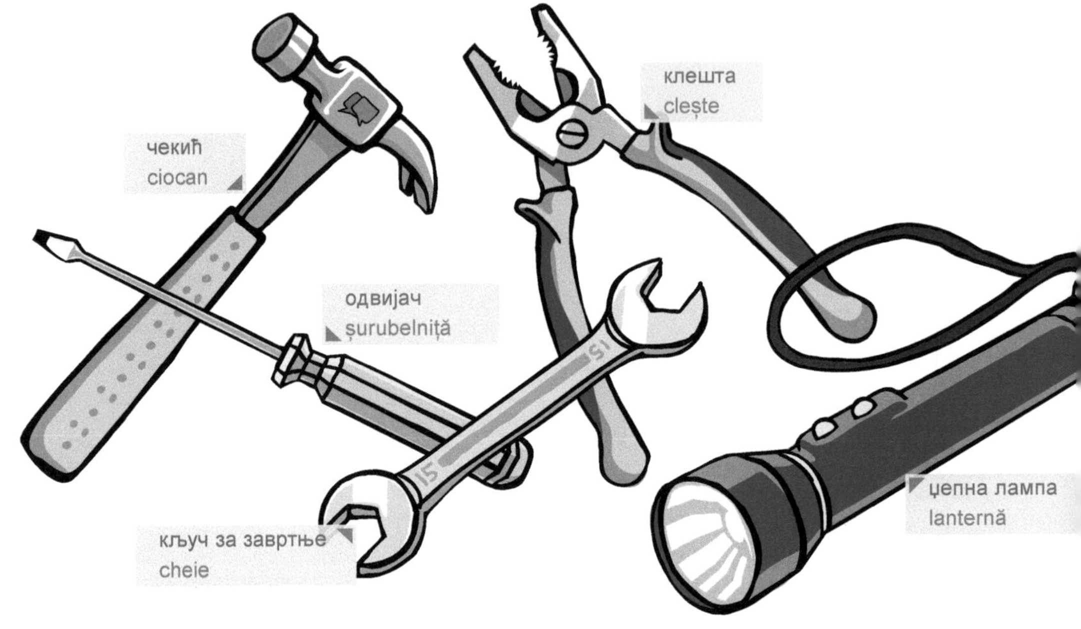

клешта
clește
чекић
ciocan
одвијач
șurubelniță
кључ за завртње
cheie
џепна лампа
lanternă

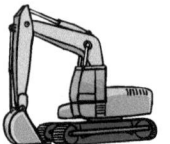

багер

excavator

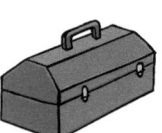

кутија за алат

cutie de scule

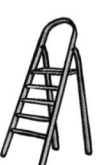

мердевине

scară

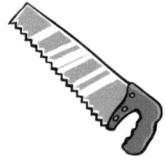

пила

ferăstrău

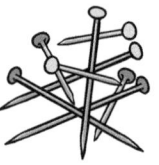

ексер

cuie

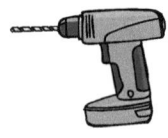

бушилица

burghiu

поправити

a repara

лопата

lopată

до ђавола!

La naiba!

лопатица

făraș

лонац за боју

vas pentru vopsea

завртањи

șuruburi

музички инструмент
instrumente muzicale

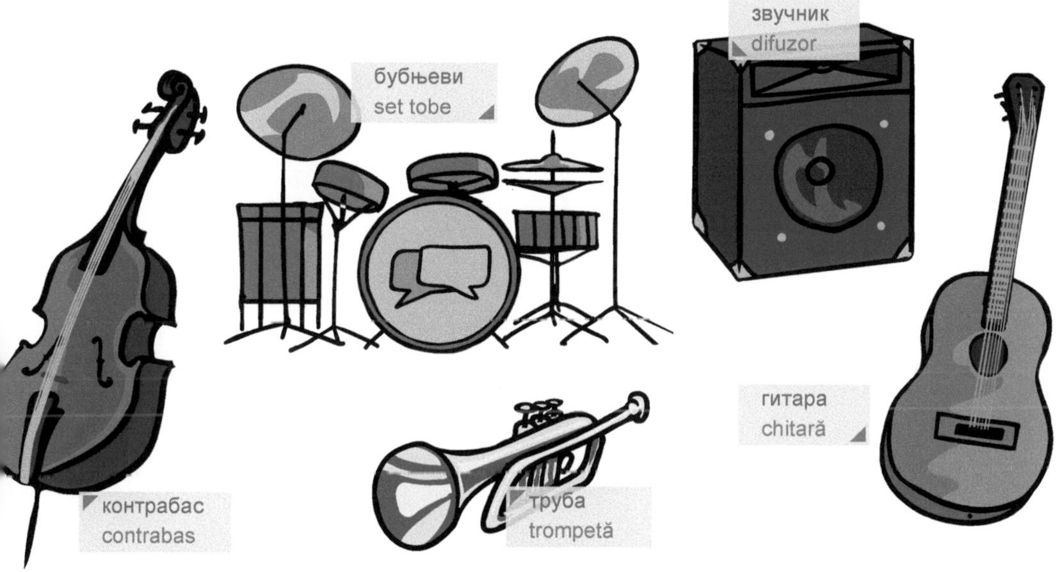

бубњеви
set tobe

звучник
difuzor

гитара
chitară

контрабас
contrabas

труба
trompetă

клавир

pian

виолина

vioară

бас

bas

тимпани

trombon

удараљке за бубњеве

tobă

типке клавира

keyboard

саксофон

saxofon

флаута

fluier

микрофон

microfon

зоолошки врт
grădină zoologică

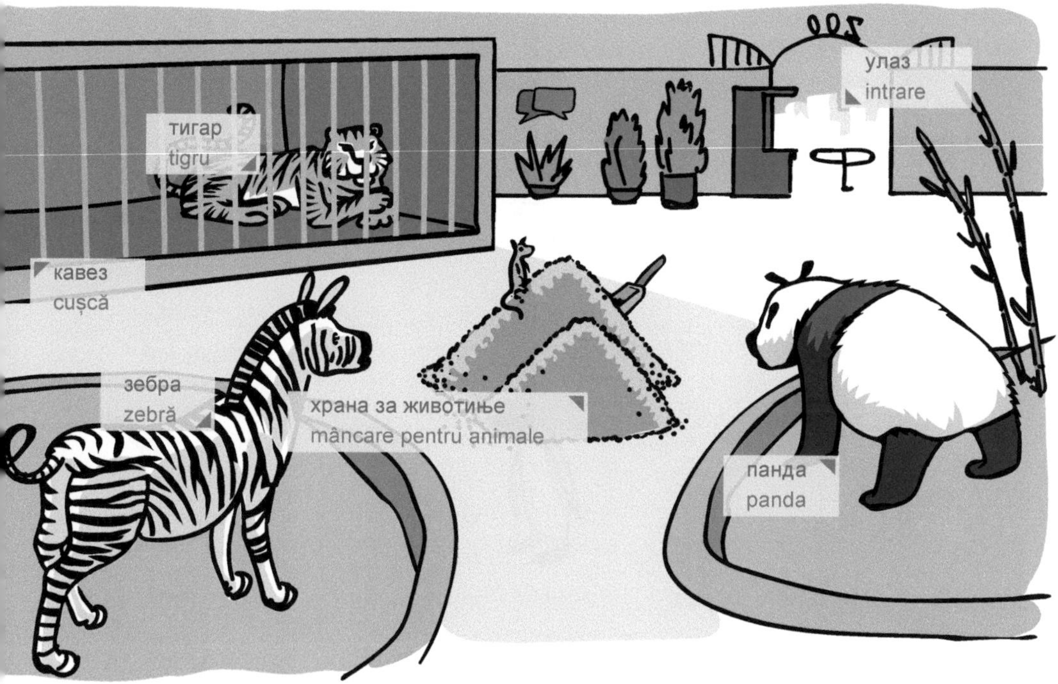

тигар
tigru
улаз
intrare
кавез
cușcă
зебра
zebră
храна за животиње
mâncare pentru animale
панда
panda

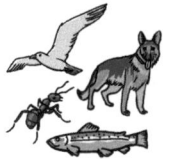

животиње

animale

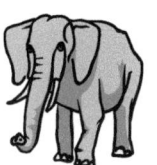

слон

elefant

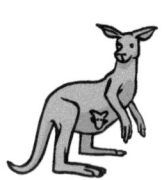

кенгур

cangur

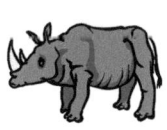

носорог

rinocer

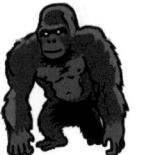

горила

gorilă

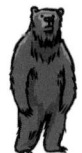

медвед

urs

камила
....
cămilă

нoj
....
struț

лав
....
leu

мajмун
....
maimuță

фламинго
....
flamingo

папагаj
....
papagal

поларни медвед
....
urs polar

пингвин
....
pinguin

аjкула
....
rechin

паун
....
păun

змиja
....
șarpe

крокодил
....
crocodil

чувар у зоолошком врту

îngrijitor grădina zoologică

туљан

focă

jaгуар

jaguar

пони

ponei

леопард

leopard

нилски коњ

hipopotam

жирафа

girafă

орао

acvilă

дивља свиња

porc mistreț

риба

pește

корњача

broască țestoasă

морж

morsă

лисица

vulpe

газела

gazelă

американски ногомет
fotbal american

бициклизам
ciclism

тенис
tenis

кошарка
basketball

пливање
înot

бокс
box

хокеј на леду
hockey pe gheață

фудбал
fotbal

бадминтон
badminton

атлетика
atletism

ракомет
handbal

скијање
schi

поло
polo

смејати се
a râde

скочити
a sări

загрлити
a îmbrățișa

ићи
a merge

певати
a cânta

сањати
a visa

молити се
a se ruga

пољубити
a săruta

писати

a scrie

цртати

a desena

показати

a arăta

гурати

a împinge

дати

a da

узети

a lua

имати

a avea

чинити

a face

бити

a fi

стојати

a sta în picioare

трчати

a fugi

повлачити

a trage

бацити

a arunca

падати

a cădea

лежати

a sta întins

чекати

a aștepta

носити

a purta

седити

a ședea

облачити

a se îmbrăca

спавати

a dormi

пробудити се

a se trezi

гледати
....
a privi

плакати
....
a plânge

миловати
....
a mângâia

чешљати
....
a se pieptăna

говорити
....
a vorbi

разумети
....
a înțelege

питати
....
a întreba

слушати
....
a asculta

пити
....
a bea

јести
....
a mânca

поспремити
....
a face ordine

волети
....
a Iubi

кухати
....
a găti

возити
....
a conduce

летети
....
a zbura

активности - activități

пловити

a naviga

рачунати

a calcula

читати

a citi

учити

a învăța

радити

a munci

венчати се

a se căsători

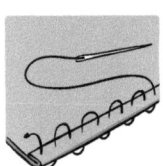

шити

a coase

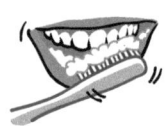

прати зубе

a se spăla pe dinți

убити

a ucide

пушити

a fuma

послати

a trimite

породица

familie

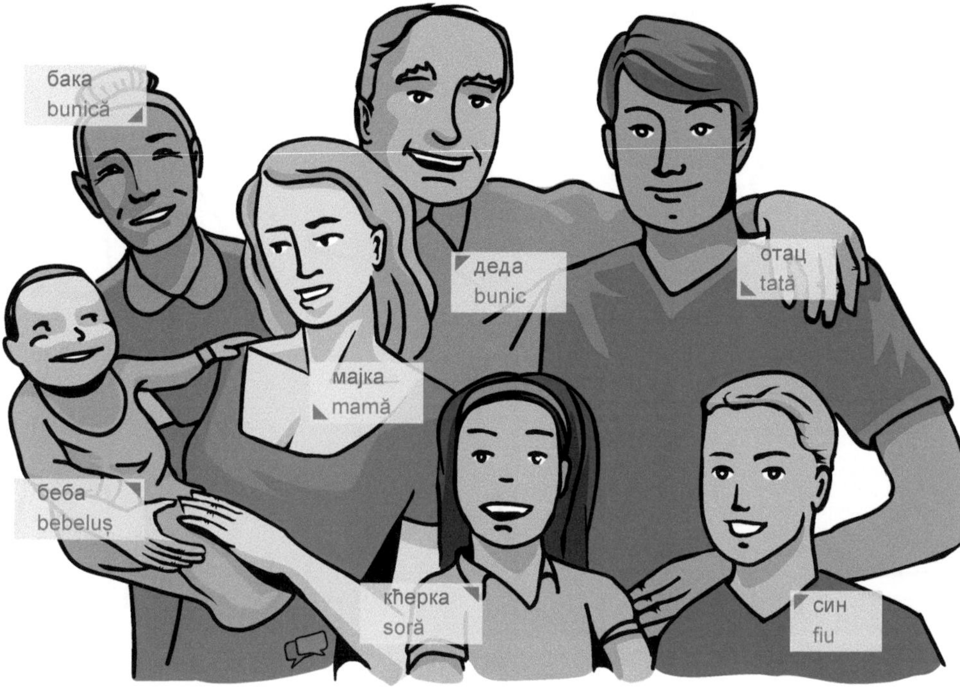
бака
bunică
деда
bunic
отац
tată
мајка
mamă
беба
bebeluș
кћерка
soră
син
fiu

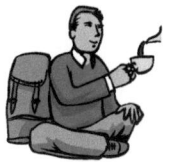

гост
oaspete

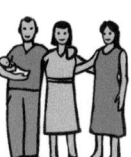

тетка
mătușă

ујак, стриц
unchi

брат
frate

сестра
soră

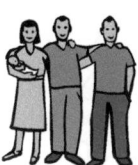

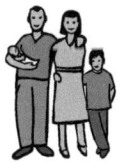

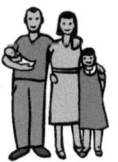

тело

corp

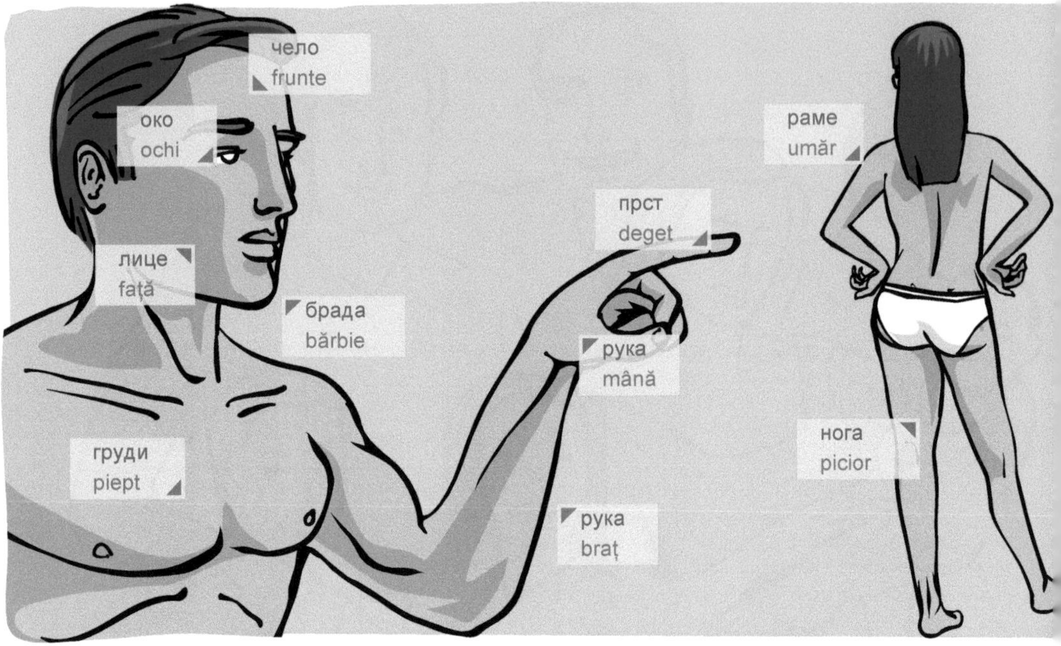

чело
frunte
око
ochi
раме
umăr
прст
deget
лице
față
брада
bărbie
рука
mână
нога
picior
груди
piept
рука
braț

беба

bebeluș

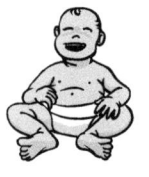

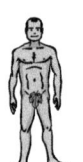

мушкарац

bărbat

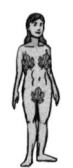

жена

femeie

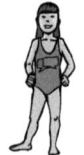

девојчица

fată

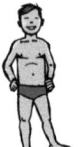

дечак

băiat

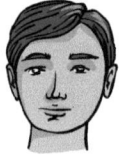

глава

cap

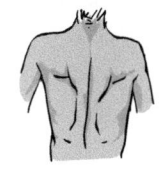

леђа

spate

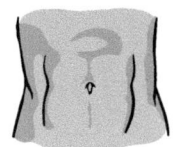

стомак

abdomen

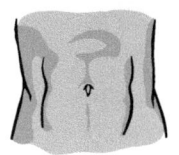

пупак

ombilic

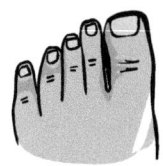

ножни прст

deget de la picior

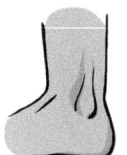

пета

călcâi

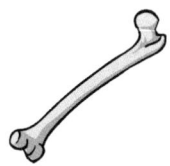

кост

os

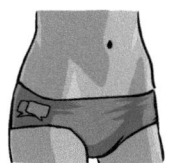

кукови

şold

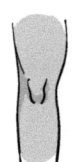

колено

genunchi

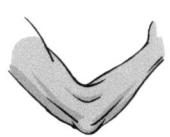

лакат

cot

нос

nas

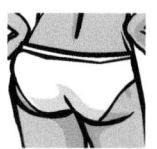

задњица

fund

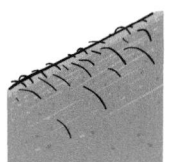

кожа

piele

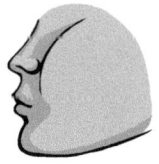

образ

obraz

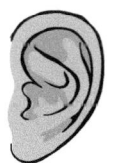

уво

ureche

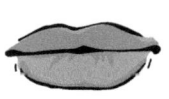

усна

buză

уста
....
gură

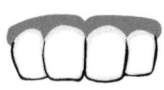

зуб
....
dinte

језик
....
limbă

мозак
....
creier

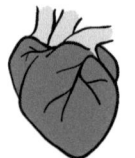

срце
....
inimă

мишић
....
mușchi

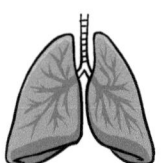

плућа
....
plămân

јетра
....
ficat

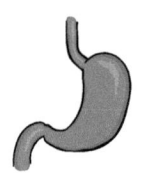

желудац
....
stomac

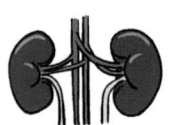

бубрези
....
rinichi

полни однос
....
sex

кондом
....
prezervativ

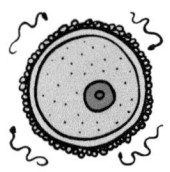

јајна ћелија
....
ovul

сперма
....
spermă

трудноћа
....
sarcină

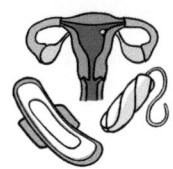

менструација

menstruaţie

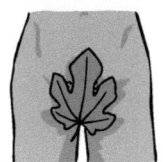

вагина

vagin

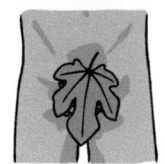

пенис

penis

обрва

sprânceană

коса

păr

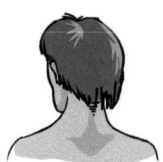

врат

gât

тело - corp

болница

spital

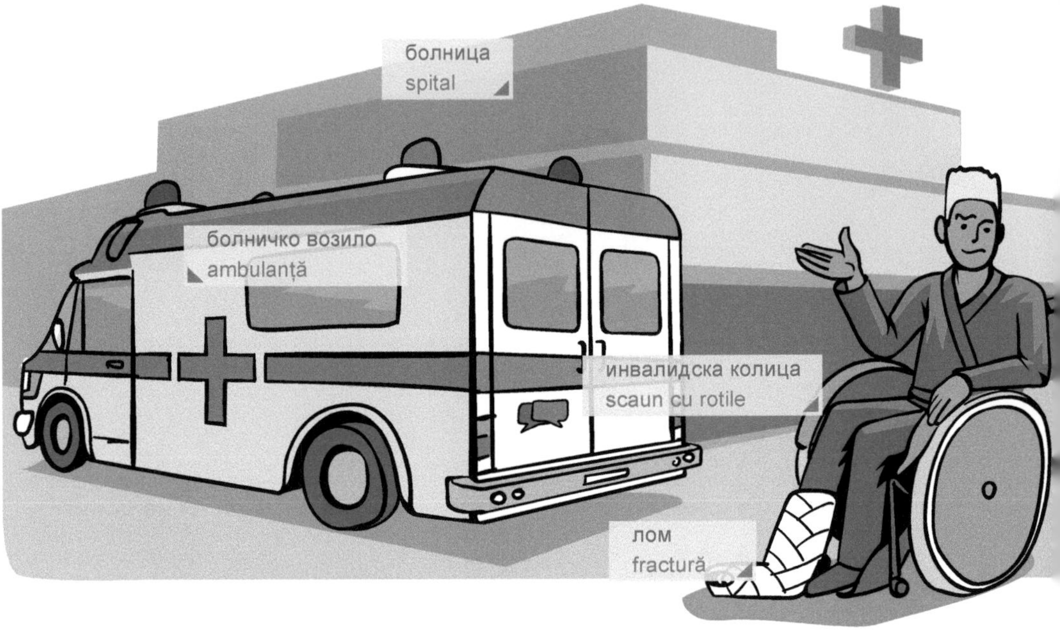

болница
spital
болничко возило
ambulanță
инвалидска колица
scaun cu rotile
лом
fractură

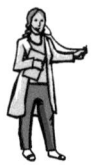

лекар

medic

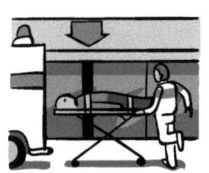

хитна медицинска служба

unitate de primiri urgențe

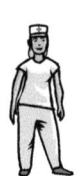

медицинска сестра

soră medicală

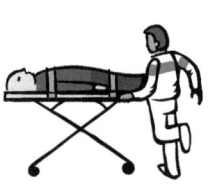

хитни случај

urgență

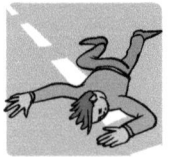

несвест

inconștient

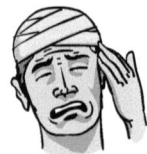

бол

durere

повреда

leziune

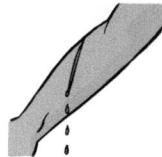

крварење

sângerare

срчани удар

infarct miocardic

удар

atac cerebral

алергија

alergie

кашаљ

tuse

грозница

febră

грипа

gripă

пролив

diaree

главобоља

durere de cap

рак

cancer

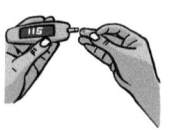

дијабетес

diabet

хирург

chirurg

скалпел

scalpel

операција

operaţie

цт

CT

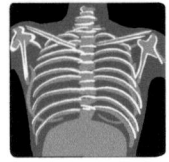

рентген

raze Röntgen

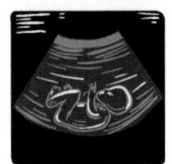

ултразвук

ultrasunet

маска

mască

болест

boală

чекаона

sală de așteptare

штака

cârjă

фластер

plasture

завоj

bandaj

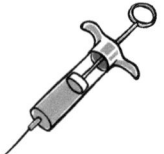

инjекциjа

injecţie

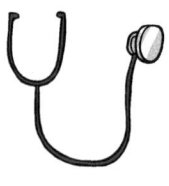

стетоскоп

stetoscop

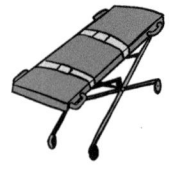

носила

targă

термометар

termometru

рођење

naștere

прекомерна тежина

supraponderabilitate

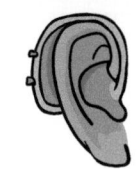

слушни апарат

aparat auditiv

средство за дезинфекцију

dezinfectant

инфекција

infecție

вирус

virus

хив / аидс

HIV/SIDA

медицина

medicină

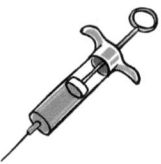

вакцинација

vaccin

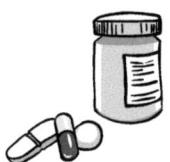

таблете

tablete

пилула

pastilă

хитни позив

apel de urgență

уређај за мерење притиска
aparat de măsurare a presiunii arteriale

болесно / здраво

bolnav/sănătos

помоћ!

Ajutor!

аларм

alarmă

насртај

agresiune

напад

atac

опасност

pericol

излаз у случају нужде

ieşire de urgenţă

пожар!

Foc!

противпожарни апарат

extinctor

незгоца

accident

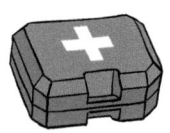

кутија прве помоћи

trusă de prim-ajutor

сос

SOS

полиција

poliţie

Европа

Europa

Северна Америка

America de Nord

Јужна Америка

America de Sud

Африка

Africa

Азија

Asia

Аустралија

Australia

Атлантик

Altantic

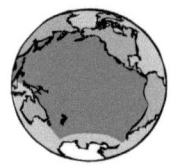

Пацифик

Pacific

Индијски океан

Oceanul Indian

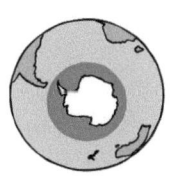

Антарктички океан

Oceanul Antarctic

Арктички океан

Oceanul Arctic

Северни рол

Polul Nord

Јужни рол

Polul Sud

Антарктик

Antarctica

земља

pământ

земља

țară

море

mare

оток

insulă

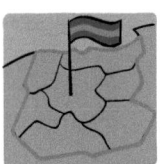

нација

națiune

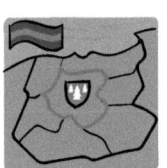

држава

stat

бројчаник сата

cadran

сатна казаљка

orar

минутна казаљка

minutar

секундна казаљка

secundar

Колико је сати?

Cât e ceasul?

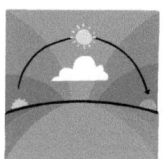

дан

zi

време

timp

сада

acum

дигитални сат

cead digital

минута

mlnut

час

oră

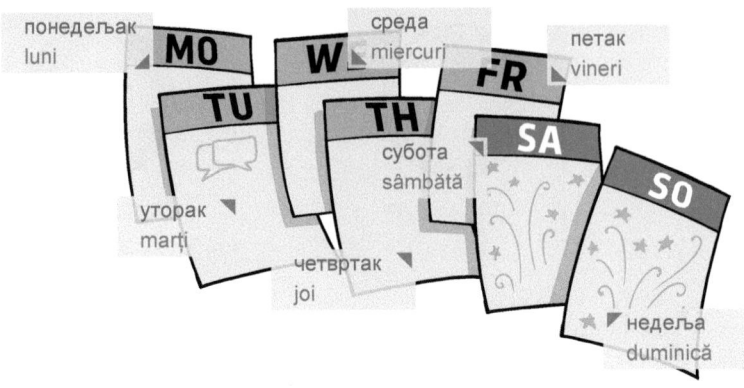

понедељак / luni — MO
уторак / marți — TU
среда / miercuri — W
четвртак / joi — TH
петак / vineri — FR
субота / sâmbătă — SA
недеља / duminică — SO

jуче
ieri

данас
azi

сутра
mâine

jутро
dimineață

подне
amiază

вече
seară

MO	TU	WE	TH	FR	SA	SU
1	2	3	4	5	6	7
8	9	10	11	12	13	14
15	16	17	18	19	20	21
22	23	24	25	26	27	28
29	30	31	1	2	3	4

радни дани
zile lucrătoare

MO	TU	WE	TH	FR	SA	SU
1	2	3	4	5	6	7
8	9	10	11	12	13	14
15	16	17	18	19	20	21
22	23	24	25	26	27	28
29	30	31	1	2	3	4

викенд
week-end

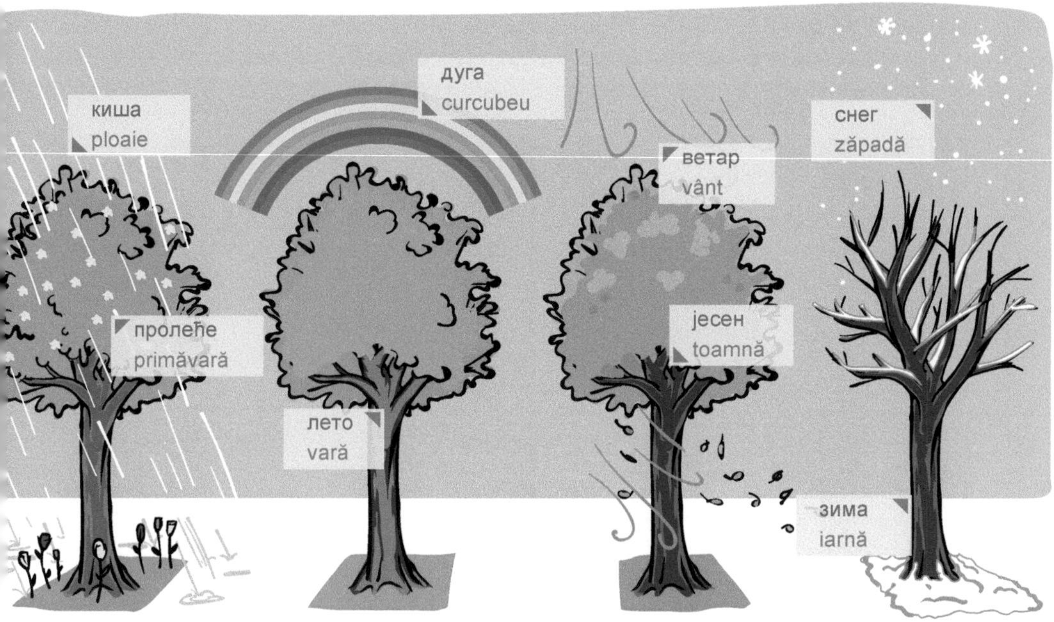

киша
ploaie
дуга
curcubeu
ветар
vânt
снег
zăpadă
пролеће
primăvară
лето
vară
јесен
toamnă
зима
iarnă

4.APRIL 11°
5.APRIL 4°
6.APRIL 13°
7.APRIL 8°
8.APRIL 10°

етеоролошка прогноза

prognoză meteo

F C
120 40
90 30
60 20
30 10
0 0
-30 -10
-20

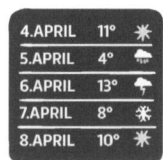

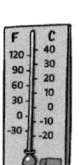

термометар

termometru

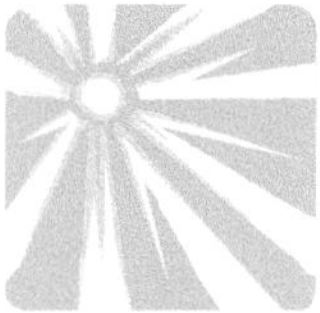

сунчана светлост

lumina soarelui

облак

nor

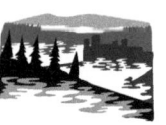

магла

ceață

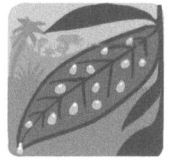

влажност ваздуха

umiditate a aerului

муња
....
fulger

грмљавина
....
tunet

олуја
....
furtună

туча
....
grindină

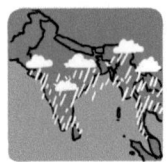

монсун
....
muson

поплава
....
inundație

лед
....
gheață

јануар
....
ianuarie

фебруар
....
februarie

март
....
martie

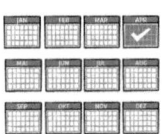

април
....
aprilie

мај
....
mai

јуни
....
iunie

јули
....
iulie

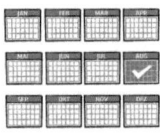

август
....
august

година - an

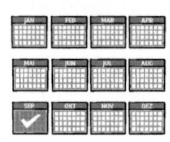

септембар
septembrie

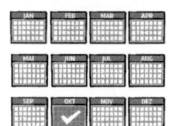

октобар
octombrie

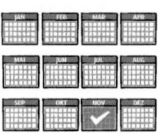

новембар
noiembrie

децембар
decembrie

облици

forme

круг
cerc

квадрат
pătrat

правоугао
dreptunghi

троугао
triunghi

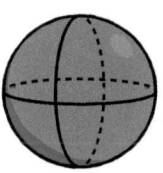

кугла
sferă

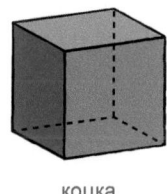

коцка
cub

бела
....
alb

жута
....
galben

наранџаста
....
portocaliu

ружичаста
....
roz

црвена
....
roșu

љубичаста
....
violet

плава
....
albastru

зелена
....
verde

смеђа
....
maro

сива
....
gri

црна
....
negru

много / мало

mult/puțin

љутито / мирно

furios/calm

лепо / ружно

frumos/urât

почетак / крај

început/sfârșit

велико / малено

mare/mic

светло / тамно

luminos/întunecat

брат / сестра

frate/soră

чисто / прљаво

curat/murdar

потпуно / непотпуно

complet/incomplet

дан / ноћ

zi/noapte

мртво / живо

mort/viu

широко / уско

lat/strâmt

јестиво / нејестиво

comestibil/necomestibil

зло / добро

rău/prietenos

узбуђено / досадно

emoţionat/plictisit

дебело / мршаво

gras/slab

на почетку / на крају

primul/ultimul

пријатељ / непријатељ

prieten/inamic

пуно / празно

plin/gol

тврдо / мекано

tare/moale

тешко / лагано

greu/uşor

глад / жеђ

foame/sete

болесно / здраво

bolnav/sănătos

илегално / легално

ilegal/legal

паметно / глупо

inteligent/stupid

лево / десно

stânga/drepta

близу / далеко

aproape/departe

ново / половно

nou/uzat

ништа / нешто

nimic/ceva

старо / младо

bătrân/tânăr

укључено / искључено

pornit/oprit

отворено / затворено

deschis/închis

тихо / гласно

încet/tare

богато / сиромашно

bogat/sărac

тачно / погрешно

corect/fals

храпаво / глатко

aspru/neted

тужно / сретно

trist/fericit

кратко / дуго

lung/scurt

полако / брзо

încet/repede

мокро / сухо

ud/uscat

топло / хладно

cald/rece

рат / мир

război/pace

0

нула

zero

1

један

unu

2

два

doi

3

три

trei

4

четири

patru

5

пет

cinci

6

шест

şase

7

седам

şapte

8

осам

opt

9

девет

nouă

10

десет

zece

11

једанаест

unsprezece

12

дванаест

douăsprezece

13

тринаест

treisprezece

14

четрнаест

paisprezece

15

петнаест

cincisprezece

16

шестнаест

șaisprezece

17

седамнаест

șaptesprezece

18

осамнаест

optsprezece

19

деветнаест

nouăsprezece

20

двадесет

douăzeci

100

стотину

o sulă

1.000

хиљаду

o mie

1.000.000

милион

un milion

енглески

engleză

амерички енглески

engleză americană

мандарински кинески

chineza mandarină

хиндски

hindi

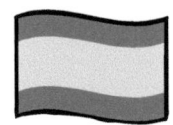

шпански

spaniolă

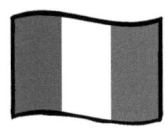

француски

franceză

арапски

arabă

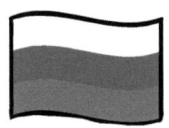

руски

rusă

португалски

protugheză

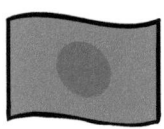

бенгалски

bengaleză

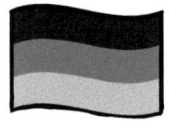

немачки

germană

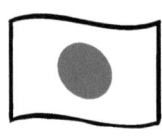

јапански

japoneză

ja
eu

ти
tu

он / она / оно
el/ea

ми
noi

ви
voi

они
ea

Ко?
cine?

Шта?
ce?

Како?
cum?

Где?
unde?

Када?
când?

име
nume

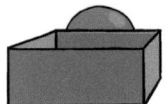

иза
....
în spate

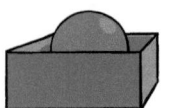

у
....
în

испред
....
înainte

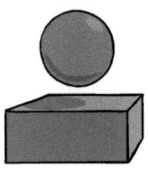

преко
....
peste

на
....
pe

испод
....
sub

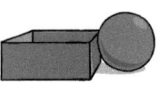

поред
....
lângă

између
....
între

место
....
loc